MW01115261

FROM THE **CREATIVE GENIUS** OF:

FROM THE **CREATIVE GENIUS** OF:

FROM THE **CREATIVE GENIUS** OF:

FROM THE **CREATIVE GENIUS** OF:

FROM THE **CREATIVE GENIUS** OF:

FROM THE **CREATIVE GENIUS** OF:

FROM THE **CREATIVE GENIUS** OF:

FROM THE **CREATIVE GENIUS** OF:

FROM THE **CREATIVE GENIUS** OF:

FROM THE **CREATIVE GENIUS** OF:

FROM THE **CREATIVE GENIUS** OF:

FROM THE **CREATIVE GENIUS** OF:

FROM THE **CREATIVE GENIUS** OF:

FROM THE **CREATIVE GENIUS** OF:

FROM THE **CREATIVE GENIUS** OF:

FROM THE **CREATIVE GENIUS** OF:

FROM THE **CREATIVE GENIUS** OF:

FROM THE **CREATIVE GENIUS** OF:

FROM THE **CREATIVE GENIUS** OF:

FROM THE **CREATIVE GENIUS** OF:

FROM THE **CREATIVE GENIUS** OF:

FROM THE **CREATIVE GENIUS** OF:

FROM THE **CREATIVE GENIUS** OF:

FROM THE **CREATIVE GENIUS** OF:

FROM THE **CREATIVE GENIUS** OF:

FROM THE **CREATIVE GENIUS** OF:

FROM THE **CREATIVE GENIUS** OF:

FROM THE **CREATIVE GENIUS** OF:

FROM THE **CREATIVE GENIUS** OF:

FROM THE **CREATIVE GENIUS** OF:

FROM THE **CREATIVE GENIUS** OF:

FROM THE **CREATIVE GENIUS** OF:

FROM THE **CREATIVE GENIUS** OF:

FROM THE **CREATIVE GENIUS** OF:

FROM THE **CREATIVE GENIUS** OF:

FROM THE **CREATIVE GENIUS** OF:

FROM THE **CREATIVE GENIUS** OF:

FROM THE **CREATIVE GENIUS** OF:

FROM THE **CREATIVE GENIUS** OF:

FROM THE **CREATIVE GENIUS** OF:

FROM THE **CREATIVE GENIUS** OF:

FROM THE **CREATIVE GENIUS** OF:

FROM THE **CREATIVE GENIUS** OF:

FROM THE **CREATIVE GENIUS** OF:

FROM THE **CREATIVE GENIUS** OF:

FROM THE **CREATIVE GENIUS** OF:

FROM THE **CREATIVE GENIUS** OF:

FROM THE **CREATIVE GENIUS** OF:

FROM THE **CREATIVE GENIUS** OF:

FROM THE **CREATIVE GENIUS** OF:

FROM THE **CREATIVE GENIUS** OF:

FROM THE **CREATIVE GENIUS** OF:

FROM THE **CREATIVE GENIUS** OF:

FROM THE **CREATIVE GENIUS** OF:

FROM THE **CREATIVE GENIUS** OF:

FROM THE **CREATIVE GENIUS** OF:

FROM THE **CREATIVE GENIUS** OF:

FROM THE **CREATIVE GENIUS** OF:

FROM THE **CREATIVE GENIUS** OF:

FROM THE **CREATIVE GENIUS** OF: